Mein Rubbelbilder-Kreativbuch

Feen

Illustrationen: Gaia Bordicchia
Gestaltung: Emily Beevers
Redaktion: Abigail Wheatley

Auf der nächsten Seite erfährst du, wie du die Rubbelbilder von den Motivbögen im Buch verwenden kannst. Die linken Buchseiten kannst du mit Bunt-, Filz- oder Wachsmalstiften ausmalen.

Das Auftragen der Rubbelbilder

Um die Szenen auf den rechten Buchseiten mit Feen auszuschmücken, brauchst du einen Bleistift oder Kugelschreiber. Nimm die Rubbelbögen aus dem Umschlag und wähle eine Szene, die du gestalten möchtest. Auf jeder Doppelseite findest du in der rechten unteren Ecke ein farbiges Symbol. Dieses ist auch auf dem dazugehörigen Bogen zu sehen. So kannst du die Motive richtig zuordnen. Auf den meisten Bögen gibt es Motive für drei Seiten.

Entferne das Schutzpapier vom Rubbelbogen. Lege das Motiv deiner Wahl mit der beschichteten Seite nach unten auf die Stelle, an der du das Bild haben möchtest.

Rubble vorsichtig mit einem Bleistift oder Kugelschreiber über das Motiv. Pass auf, dass du die benachbarten Motive dabei nicht berührst.

Wenn das Motiv komplett übermalt ist, ziehe die Folie vorsichtig ab. Decke die unbenutzten Rubbelbilder zur Aufbewahrung wieder mit dem Schutzpapier ab.

Duftende Blumenpracht

Margerita

Rosa

Das Schneckenrennen

Ophelia

Cecilia

Alyssa

Liebliche Kirschblüten

Dahlia

Magnolia

Prächtige Wasserlilien

Nahla

Alva

Enja

Süße Köstlichkeiten

Stella

Liora

Eine Einladung zum Tee

Melissa

Kamilla

Jasmin

Der verwunschene Wasserfall

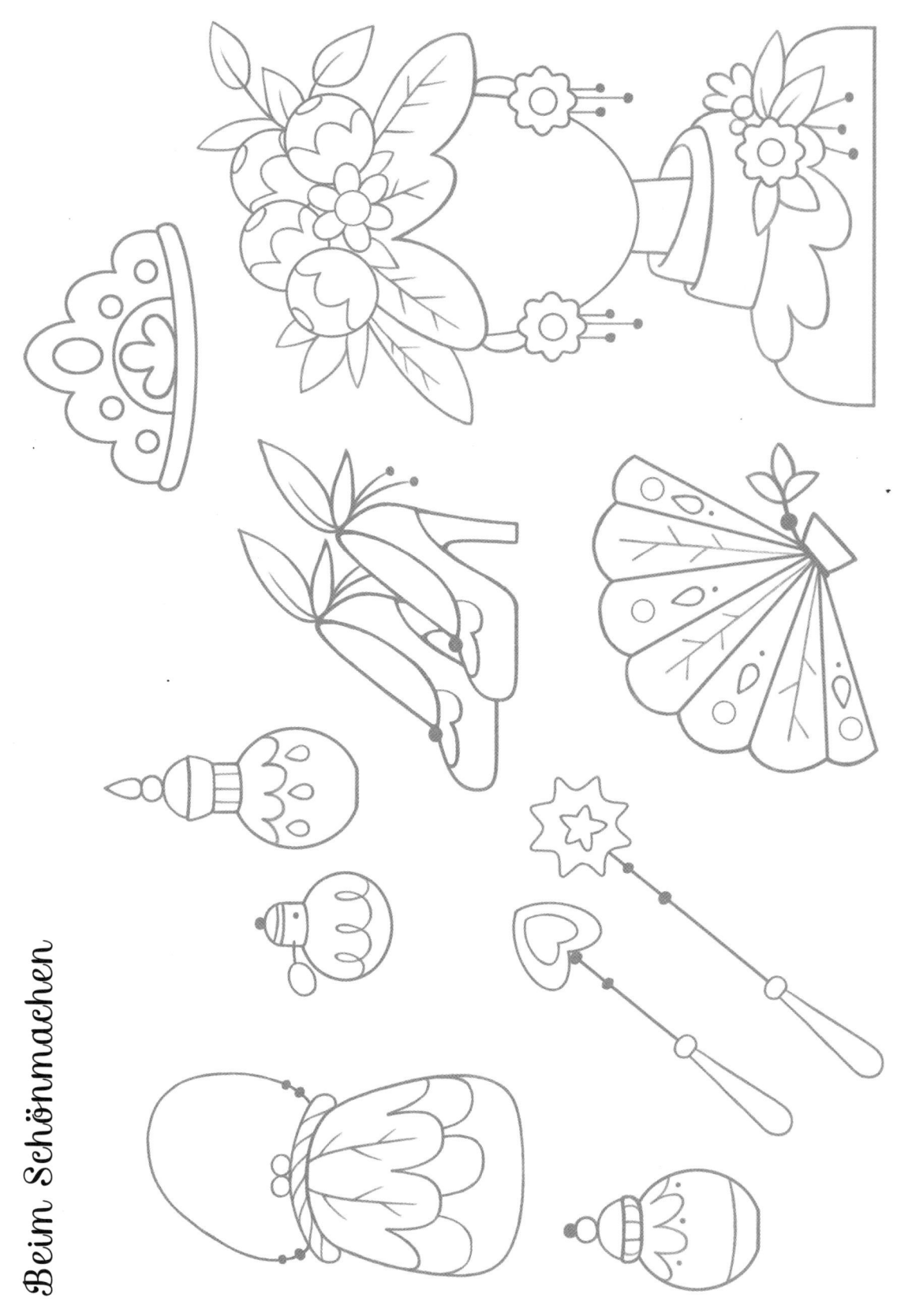

Tanz bei Sternenlicht

Die Zauberschule

Trixi

Elvina

Übersetzung aus dem Englischen: Danica Utermöhlen
Redaktion der deutschen Ausgabe: Julia Przeplaska

1. Auflage 2019